Renate Sültz & Uwe H. Sültz

Traumtagebuch

Für Traumberichte zum Aufschreiben, Ankreuzen und Aufzeichnen.

BoD - Books on Demand

Bibliografische Information durch die Deutsche Nationalbibliothek

Die Deutsche Nationalbibliothek verzeichnet diese Publikation in der Deutschen Nationalbibliografie; detaillierte bibliografische Daten sind im Internet über http://dnb.dnb.de abrufbar.

© 2016 Renate Sültz & Uwe H. Sültz

Herstellung und Verlag:

BoD – Books on Demand, Norderstedt

ISBN 9-78374-1-24984-6

Nach dem Einschlafen träumen wir. Leider können wir uns nicht immer daran erinnern.

Dabei wäre es interessant, vielleicht sogar nützlich, wenn wir unsere Träume verstehen könnten.

Dazu müssen wir sie aber zuerst einmal aufschreiben.

In dieses Traumtagebuch, mit den großzügigen Maßen von 19 x 27 cm, lassen sich nach dem Aufwachen auf der linken Seite einige Informationen (Datum, Uhrzeit, Traumthema, usw.) eintragen und ankreuzen. Auf der rechten Seite ist Platz für den Traum, eventuell mit Skizze oder Bild. Wir durchlaufen in der Nacht verschiedene Schlafphasen. Diese wechseln sich mehrfach ab (Leicht- und Tiefschlafphase, sowie die REM-Phase (Rapid-Eye-Movement)). In der REM-Phase bewegen sich die Augen schnell hin und her, das Gehirn ist hochaktiv. Wachen wir nach der REM-Phase auf, erinnern wir uns, nach der Tiefschlafphase eher nicht. Das Führen eines Traumtagebuchs kann die Traumerinnerung stark steigern. Auch lässt sich so auf geträumte Träume zurückgreifen. Träume können als geschriebenes Buch besser gedeutet werden, da sie sonst langsam wieder aus der Erinnerung verschwinden.

Datum

Uhrzeit

Schlafdauer

Schlafumgebung
    eigene Wohnung   Urlaub   eigener Eintrag

Schlafsituation
    Gesund   Krankheit   eigener Eintrag

Traumthema
    Albtraum   Sex   Abenteuer   Alltag   Fliegen   Kampf   Liebe

Traumpersonen
    Partner   Eltern   Großeltern   weitere Personen

Traumzusammenhänge mit der Realität

Meine Gefühle nach dem Traum

    Positiv   Negativ   eig. Eintrag

Wie klar/deutlich war der Traum?

Datum _____

Uhrzeit _____

Schlafdauer _____

Schlafumgebung
eigene Wohnung ○   Urlaub ○   eigener Eintrag ○ _____

Schlafsituation
Gesund ○   Krankheit ○   eigener Eintrag ○ _____

Traumthema
Albtraum ○   Sex ○   Abenteuer ○   Alltag ○   Fliegen ○   Kampf ○   Liebe ○

Traumpersonen
Partner ○   Eltern ○   Großeltern ○   weitere Personen ○

Traumzusammenhänge mit der Realität

Meine Gefühle nach dem Traum
Positiv ○   Negativ ○   eig. Eintrag ○ _____

Wie klar/deutlich war der Traum?

Datum

Uhrzeit

Schlafdauer

Schlafumgebung
    eigene Wohnung   Urlaub   eigener Eintrag

Schlafsituation
    Gesund   Krankheit   eigener Eintrag

Traumthema
    Albtraum   Sex   Abenteuer   Alltag   Fliegen   Kampf   Liebe

Traumpersonen
    Partner   Eltern   Großeltern   weitere Personen

Traumzusammenhänge mit der Realität

Meine Gefühle nach dem Traum
    Positiv   Negativ   eig. Eintrag

Wie klar/deutlich war der Traum?

Datum

Uhrzeit

Schlafdauer

Schlafumgebung
　eigene Wohnung　◯　Urlaub　◯　eigener Eintrag　◯

Schlafsituation
　Gesund　◯　Krankheit　◯　eigener Eintrag　◯

Traumthema
　Albtraum　◯　Sex　◯　Abenteuer　◯　Alltag　◯　Fliegen　◯　Kampf　◯　Liebe

Traumpersonen
　Partner　◯　Eltern　◯　Großeltern　◯　weitere Personen　◯

Traumzusammenhänge mit der Realität

Meine Gefühle nach dem Traum
　Positiv　◯　Negativ　◯　eig. Eintrag

Wie klar/deutlich war der Traum?

Datum

Uhrzeit

Schlafdauer

Schlafumgebung
   eigene Wohnung   Urlaub   eigener Eintrag

Schlafsituation
   Gesund   Krankheit   eigener Eintrag

Traumthema
   Albtraum   Sex   Abenteuer   Alltag   Fliegen   Kampf   Liebe

Traumpersonen
   Partner   Eltern   Großeltern   weitere Personen

Traumzusammenhänge mit der Realität

Meine Gefühle nach dem Traum
   Positiv   Negativ   eig. Eintrag

Wie klar/deutlich war der Traum?

Datum

Uhrzeit

Schlafdauer

Schlafumgebung
eigene Wohnung   Urlaub   eigener Eintrag

Schlafsituation
Gesund   Krankheit   eigener Eintrag

Traumthema
Albtraum   Sex   Abenteuer   Alltag   Fliegen   Kampf   Liebe

Traumpersonen
Partner   Eltern   Großeltern   weitere Personen

Traumzusammenhänge mit der Realität

Meine Gefühle nach dem Traum
Positiv   Negativ   eig. Eintrag

Wie klar/deutlich war der Traum?

Datum

Uhrzeit

Schlafdauer

Schlafumgebung
eigene Wohnung   Urlaub   eigener Eintrag

Schlafsituation
Gesund   Krankheit   eigener Eintrag

Traumthema
Albtraum   Sex   Abenteuer   Alltag   Fliegen   Kampf   Liebe

Traumpersonen
Partner   Eltern   Großeltern   weitere Personen

Traumzusammenhänge mit der Realität

Meine Gefühle nach dem Traum
Positiv   Negativ   eig. Eintrag

Wie klar/deutlich war der Traum?

Datum _____

Uhrzeit _____

Schlafdauer _____

Schlafumgebung
eigene Wohnung ○   Urlaub ○   eigener Eintrag ○ _____

Schlafsituation
Gesund ○   Krankheit ○   eigener Eintrag ○ _____

Traumthema
Albtraum ○   Sex ○   Abenteuer ○   Alltag ○   Fliegen ○   Kampf ○   Liebe ○

Traumpersonen
Partner ○   Eltern ○   Großeltern ○   weitere Personen ○

Traumzusammenhänge mit der Realität

Meine Gefühle nach dem Traum
Positiv ○   Negativ ○   eig. Eintrag ○ _____

Wie klar/deutlich war der Traum?

Datum _____

Uhrzeit _____

Schlafdauer _____

Schlafumgebung
 eigene Wohnung ○ Urlaub ○ eigener Eintrag ○ _____

Schlafsituation
 Gesund ○ Krankheit ○ eigener Eintrag ○ _____

Traumthema
 Albtraum ○ Sex ○ Abenteuer ○ Alltag ○ Fliegen ○ Kampf ○ Liebe ○

Traumpersonen
 Partner ○ Eltern ○ Großeltern ○ weitere Personen ○

Traumzusammenhänge mit der Realität

Meine Gefühle nach dem Traum
 Positiv ○ Negativ ○ eig. Eintrag ○ _____

Wie klar/deutlich war der Traum?

Datum

Uhrzeit

Schlafdauer

Schlafumgebung
eigene Wohnung ○   Urlaub ○   eigener Eintrag ○

Schlafsituation
Gesund ○   Krankheit ○   eigener Eintrag ○

Traumthema
Albtraum ○   Sex ○   Abenteuer ○   Alltag ○   Fliegen ○   Kampf ○   Liebe

Traumpersonen
Partner ○   Eltern ○   Großeltern ○   weitere Personen ○

Traumzusammenhänge mit der Realität

Meine Gefühle nach dem Traum
Positiv ○   Negativ ○   eig. Eintrag

Wie klar/deutlich war der Traum?

Datum _____

Uhrzeit _____

Schlafdauer _____

Schlafumgebung
  eigene Wohnung ○   Urlaub ○   eigener Eintrag ○ _____

Schlafsituation
  Gesund ○   Krankheit ○   eigener Eintrag ○ _____

Traumthema
  Albtraum ○   Sex ○   Abenteuer ○   Alltag ○   Fliegen ○   Kampf ○   Liebe ○

Traumpersonen
  Partner ○   Eltern ○   Großeltern ○   weitere Personen ○

Traumzusammenhänge mit der Realität

Meine Gefühle nach dem Traum
  Positiv ○   Negativ ○   eig. Eintrag ○ _____

Wie klar/deutlich war der Traum?

Datum _____

Uhrzeit _____

Schlafdauer _____

Schlafumgebung
  eigene Wohnung ○   Urlaub ○   eigener Eintrag ○ _____

Schlafsituation
  Gesund ○   Krankheit ○   eigener Eintrag ○ _____

Traumthema
  Albtraum ○   Sex ○   Abenteuer ○   Alltag ○   Fliegen ○   Kampf ○   Liebe ○

Traumpersonen
  Partner ○   Eltern ○   Großeltern ○   weitere Personen ○

Traumzusammenhänge mit der Realität

Meine Gefühle nach dem Traum

  Positiv ○   Negativ ○   eig. Eintrag ○ _____

Wie klar/deutlich war der Traum?

Datum

Uhrzeit

Schlafdauer

Schlafumgebung
eigene Wohnung   Urlaub   eigener Eintrag

Schlafsituation
Gesund   Krankheit   eigener Eintrag

Traumthema
Albtraum   Sex   Abenteuer   Alltag   Fliegen   Kampf   Liebe

Traumpersonen
Partner   Eltern   Großeltern   weitere Personen

Traumzusammenhänge mit der Realität

Meine Gefühle nach dem Traum

Positiv   Negativ   eig. Eintrag

Wie klar/deutlich war der Traum?

Datum

Uhrzeit

Schlafdauer

Schlafumgebung
　eigene Wohnung　　Urlaub　　eigener Eintrag

Schlafsituation
　Gesund　　Krankheit　　eigener Eintrag

Traumthema
　Albtraum　　Sex　　Abenteuer　　Alltag　　Fliegen　　Kampf　　Liebe

Traumpersonen
　Partner　　Eltern　　Großeltern　　weitere Personen

Traumzusammenhänge mit der Realität

Meine Gefühle nach dem Traum
　Positiv　　Negativ　　eig. Eintrag

Wie klar/deutlich war der Traum?

Datum

Uhrzeit

Schlafdauer

Schlafumgebung
  eigene Wohnung   Urlaub   eigener Eintrag

Schlafsituation
  Gesund   Krankheit   eigener Eintrag

Traumthema
  Albtraum   Sex   Abenteuer   Alltag   Fliegen   Kampf   Liebe

Traumpersonen
  Partner   Eltern   Großeltern   weitere Personen

Traumzusammenhänge mit der Realität

Meine Gefühle nach dem Traum
  Positiv   Negativ   eig. Eintrag

Wie klar/deutlich war der Traum?

Datum

Uhrzeit

Schlafdauer

Schlafumgebung
eigene Wohnung ○   Urlaub ○   eigener Eintrag ○

Schlafsituation
Gesund ○   Krankheit ○   eigener Eintrag ○

Traumthema
Albtraum ○   Sex ○   Abenteuer ○   Alltag ○   Fliegen ○   Kampf ○   Liebe

Traumpersonen
Partner ○   Eltern ○   Großeltern ○   weitere Personen ○

Traumzusammenhänge mit der Realität

Meine Gefühle nach dem Traum
Positiv ○   Negativ ○   eig. Eintrag

Wie klar/deutlich war der Traum?

Datum _____

Uhrzeit _____

Schlafdauer _____

Schlafumgebung
　eigene Wohnung ○　　Urlaub ○　　eigener Eintrag ○

_____

Schlafsituation
　Gesund ○　　Krankheit ○　　eigener Eintrag ○

_____

Traumthema
　Albtraum ○　Sex ○　Abenteuer ○　Alltag ○　Fliegen ○　Kampf ○　Liebe ○

_____

Traumpersonen
　Partner ○　Eltern ○　Großeltern ○　weitere Personen ○

_____

Traumzusammenhänge mit der Realität

_____

Meine Gefühle nach dem Traum

　Positiv ○　Negativ ○　eig. Eintrag _____

Wie klar/deutlich war der Traum?

_____

Datum

Uhrzeit

Schlafdauer

Schlafumgebung
eigene Wohnung ○ Urlaub ○ eigener Eintrag ○

Schlafsituation
Gesund ○ Krankheit ○ eigener Eintrag ○

Traumthema
Albtraum ○ Sex ○ Abenteuer ○ Alltag ○ Fliegen ○ Kampf ○ Liebe

Traumpersonen
Partner ○ Eltern ○ Großeltern ○ weitere Personen ○

Traumzusammenhänge mit der Realität

Meine Gefühle nach dem Traum

Positiv ○ Negativ ○ eig. Eintrag

Wie klar/deutlich war der Traum?

Datum

Uhrzeit

Schlafdauer

Schlafumgebung
  eigene Wohnung   Urlaub   eigener Eintrag

Schlafsituation
  Gesund   Krankheit   eigener Eintrag

Traumthema
  Albtraum   Sex   Abenteuer   Alltag   Fliegen   Kampf   Liebe

Traumpersonen
  Partner   Eltern   Großeltern   weitere Personen

Traumzusammenhänge mit der Realität

Meine Gefühle nach dem Traum
  Positiv   Negativ   eig. Eintrag

Wie klar/deutlich war der Traum?

Datum _____

Uhrzeit _____

Schlafdauer _____

Schlafumgebung
 eigene Wohnung ○   Urlaub ○   eigener Eintrag ○ _____

Schlafsituation
 Gesund ○   Krankheit ○   eigener Eintrag ○ _____

Traumthema
 Albtraum ○   Sex ○   Abenteuer ○   Alltag ○   Fliegen ○   Kampf ○   Liebe ○

Traumpersonen
 Partner ○   Eltern ○   Großeltern ○   weitere Personen ○

Traumzusammenhänge mit der Realität

Meine Gefühle nach dem Traum
 Positiv ○   Negativ ○   eig. Eintrag ○ _____

Wie klar/deutlich war der Traum?

Datum

Uhrzeit

Schlafdauer

Schlafumgebung
eigene Wohnung　　Urlaub　　eigener Eintrag

Schlafsituation
Gesund　　Krankheit　　eigener Eintrag

Traumthema
Albtraum　　Sex　　Abenteuer　　Alltag　　Fliegen　　Kampf　　Liebe

Traumpersonen
Partner　　Eltern　　Großeltern　　weitere Personen

Traumzusammenhänge mit der Realität

Meine Gefühle nach dem Traum

Positiv　　Negativ　　eig. Eintrag

Wie klar/deutlich war der Traum?

Datum _____

Uhrzeit _____

Schlafdauer _____

Schlafumgebung
  ○ eigene Wohnung ○ Urlaub ○ eigener Eintrag

Schlafsituation
  ○ Gesund ○ Krankheit ○ eigener Eintrag

Traumthema
  ○ Albtraum ○ Sex ○ Abenteuer ○ Alltag ○ Fliegen ○ Kampf ○ Liebe

---

Traumpersonen
  ○ Partner ○ Eltern ○ Großeltern ○ weitere Personen

Traumzusammenhänge mit der Realität

Meine Gefühle nach dem Traum

  ○ Positiv ○ Negativ ○ eig. Eintrag _____

Wie klar/deutlich war der Traum?

Datum _____

Uhrzeit _____

Schlafdauer _____

Schlafumgebung
  eigene Wohnung ○   Urlaub ○   eigener Eintrag ○ _____

Schlafsituation
  Gesund ○   Krankheit ○   eigener Eintrag ○ _____

Traumthema
  Albtraum ○   Sex ○   Abenteuer ○   Alltag ○   Fliegen ○   Kampf ○   Liebe ○

Traumpersonen
  Partner ○   Eltern ○   Großeltern ○   weitere Personen ○

Traumzusammenhänge mit der Realität

Meine Gefühle nach dem Traum

  Positiv ○   Negativ ○   eig. Eintrag ○ _____

Wie klar/deutlich war der Traum?

Datum

Uhrzeit

Schlafdauer

Schlafumgebung
  eigene Wohnung   Urlaub   eigener Eintrag

Schlafsituation
  Gesund   Krankheit   eigener Eintrag

Traumthema
  Albtraum   Sex   Abenteuer   Alltag   Fliegen   Kampf   Liebe

Traumpersonen
  Partner   Eltern   Großeltern   weitere Personen

Traumzusammenhänge mit der Realität

Meine Gefühle nach dem Traum
  Positiv   Negativ   eig. Eintrag

Wie klar/deutlich war der Traum?

Datum _____

Uhrzeit _____

Schlafdauer _____

Schlafumgebung
 ○ eigene Wohnung ○ Urlaub ○ eigener Eintrag _____

Schlafsituation
 ○ Gesund ○ Krankheit ○ eigener Eintrag _____

Traumthema
 ○ Albtraum ○ Sex ○ Abenteuer ○ Alltag ○ Fliegen ○ Kampf ○ Liebe

Traumpersonen
 ○ Partner ○ Eltern ○ Großeltern ○ weitere Personen

Traumzusammenhänge mit der Realität

Meine Gefühle nach dem Traum
 ○ Positiv ○ Negativ ○ eig. Eintrag _____

Wie klar/deutlich war der Traum?

Datum _____

Uhrzeit _____

Schlafdauer _____

Schlafumgebung
 eigene Wohnung ○   Urlaub ○   eigener Eintrag ○
_____

_____

Schlafsituation
 Gesund ○   Krankheit ○   eigener Eintrag ○
_____

Traumthema
 Albtraum ○   Sex ○   Abenteuer ○   Alltag ○   Fliegen ○   Kampf ○   Liebe ○
_____

Traumpersonen
 Partner ○   Eltern ○   Großeltern ○   weitere Personen ○
_____

**Traumzusammenhänge
mit der Realität**
_____

Meine Gefühle nach dem Traum

 Positiv ○   Negativ ○   eig. Eintrag ○ _____

Wie klar/deutlich war der Traum?
_____

Datum

Uhrzeit

Schlafdauer

Schlafumgebung
　eigene Wohnung　　Urlaub　　eigener Eintrag

Schlafsituation
　Gesund　　Krankheit　　eigener Eintrag

Traumthema
　Albtraum　　Sex　　Abenteuer　　Alltag　　Fliegen　　Kampf　　Liebe

Traumpersonen
　Partner　　Eltern　　Großeltern　　weitere Personen

Traumzusammenhänge mit der Realität

Meine Gefühle nach dem Traum
　Positiv　　Negativ　　eig. Eintrag

Wie klar/deutlich war der Traum?

Datum _____

Uhrzeit _____

Schlafdauer _____

Schlafumgebung
　eigene Wohnung ◯　　Urlaub ◯　　eigener Eintrag ◯
_____

Schlafsituation
　Gesund ◯　　Krankheit ◯　　eigener Eintrag ◯
_____

Traumthema
　Albtraum ◯　Sex ◯　Abenteuer ◯　Alltag ◯　Fliegen ◯　Kampf ◯　Liebe
_____

Traumpersonen
　Partner ◯　Eltern ◯　Großeltern ◯　weitere Personen ◯
_____

Traumzusammenhänge mit der Realität
_____

Meine Gefühle nach dem Traum

　Positiv ◯　Negativ ◯　eig. Eintrag ◯ _____

Wie klar/deutlich war der Traum?
_____

Datum _____

Uhrzeit _____

Schlafdauer _____

Schlafumgebung
  eigene Wohnung ○   Urlaub ○   eigener Eintrag ○

Schlafsituation
  Gesund ○   Krankheit ○   eigener Eintrag ○

Traumthema
  Albtraum ○   Sex ○   Abenteuer ○   Alltag ○   Fliegen ○   Kampf ○   Liebe

Traumpersonen
  Partner ○   Eltern ○   Großeltern ○   weitere Personen ○

Traumzusammenhänge mit der Realität

Meine Gefühle nach dem Traum
  Positiv ○   Negativ ○   eig. Eintrag _____

Wie klar/deutlich war der Traum?

Datum

Uhrzeit

Schlafdauer

Schlafumgebung
eigene Wohnung   Urlaub   eigener Eintrag

Schlafsituation
Gesund   Krankheit   eigener Eintrag

Traumthema
Albtraum   Sex   Abenteuer   Alltag   Fliegen   Kampf   Liebe

Traumpersonen
Partner   Eltern   Großeltern   weitere Personen

Traumzusammenhänge mit der Realität

Meine Gefühle nach dem Traum
Positiv   Negativ   eig. Eintrag

Wie klar/deutlich war der Traum?

Datum

Uhrzeit

Schlafdauer

Schlafumgebung
 eigene Wohnung ○   Urlaub ○   eigener Eintrag ○

Schlafsituation
 Gesund ○   Krankheit ○   eigener Eintrag ○

Traumthema
 Albtraum ○   Sex ○   Abenteuer ○   Alltag ○   Fliegen ○   Kampf ○   Liebe

Traumpersonen
 Partner ○   Eltern ○   Großeltern ○   weitere Personen ○

Traumzusammenhänge mit der Realität

Meine Gefühle nach dem Traum

 Positiv ○   Negativ ○   eig. Eintrag

Wie klar/deutlich war der Traum?

Datum

Uhrzeit

Schlafdauer

Schlafumgebung
eigene Wohnung   Urlaub   eigener Eintrag

Schlafsituation
Gesund   Krankheit   eigener Eintrag

Traumthema
Albtraum   Sex   Abenteuer   Alltag   Fliegen   Kampf   Liebe

Traumpersonen
Partner   Eltern   Großeltern   weitere Personen

Traumzusammenhänge mit der Realität

Meine Gefühle nach dem Traum

Positiv   Negativ   eig. Eintrag

Wie klar/deutlich war der Traum?

Datum

Uhrzeit

Schlafdauer

Schlafumgebung
  eigene Wohnung   Urlaub   eigener Eintrag

Schlafsituation
  Gesund   Krankheit   eigener Eintrag

Traumthema
  Albtraum   Sex   Abenteuer   Alltag   Fliegen   Kampf   Liebe

Traumpersonen
  Partner   Eltern   Großeltern   weitere Personen

Traumzusammenhänge mit der Realität

Meine Gefühle nach dem Traum
  Positiv   Negativ   eig. Eintrag

Wie klar/deutlich war der Traum?

Datum

Uhrzeit

Schlafdauer

Schlafumgebung
eigene Wohnung ○   Urlaub ○   eigener Eintrag ○

Schlafsituation
Gesund ○   Krankheit ○   eigener Eintrag ○

Traumthema
Albtraum ○   Sex ○   Abenteuer ○   Alltag ○   Fliegen ○   Kampf ○   Liebe

Traumpersonen
Partner ○   Eltern ○   Großeltern ○   weitere Personen ○

Traumzusammenhänge mit der Realität

Meine Gefühle nach dem Traum

Positiv ○   Negativ ○   eig. Eintrag

Wie klar/deutlich war der Traum?

Datum

Uhrzeit

Schlafdauer

Schlafumgebung
   eigene Wohnung ○   Urlaub ○   eigener Eintrag ○

Schlafsituation
   Gesund ○   Krankheit ○   eigener Eintrag ○

Traumthema
   Albtraum ○   Sex ○   Abenteuer ○   Alltag ○   Fliegen ○   Kampf ○   Liebe

Traumpersonen
   Partner ○   Eltern ○   Großeltern ○   weitere Personen ○

Traumzusammenhänge mit der Realität

Meine Gefühle nach dem Traum
   Positiv ○   Negativ ○   eig. Eintrag

Wie klar/deutlich war der Traum?

Datum

Uhrzeit

Schlafdauer

Schlafumgebung
eigene Wohnung   Urlaub   eigener Eintrag

Schlafsituation
Gesund   Krankheit   eigener Eintrag

Traumthema
Albtraum   Sex   Abenteuer   Alltag   Fliegen   Kampf   Liebe

Traumpersonen
Partner   Eltern   Großeltern   weitere Personen

Traumzusammenhänge mit der Realität

Meine Gefühle nach dem Traum
Positiv   Negativ   eig. Eintrag

Wie klar/deutlich war der Traum?

Datum

Uhrzeit

Schlafdauer

Schlafumgebung
    eigene Wohnung ○   Urlaub ○   eigener Eintrag ○

Schlafsituation
    Gesund ○   Krankheit ○   eigener Eintrag ○

Traumthema
    Albtraum ○ Sex ○ Abenteuer ○ Alltag ○ Fliegen ○ Kampf ○ Liebe

Traumpersonen
    Partner ○ Eltern ○ Großeltern ○ weitere Personen ○

Traumzusammenhänge mit der Realität

Meine Gefühle nach dem Traum
    Positiv ○ Negativ ○ eig. Eintrag

Wie klar/deutlich war der Traum?

Datum _____

Uhrzeit _____

Schlafdauer _____

Schlafumgebung
  eigene Wohnung ○   Urlaub ○   eigener Eintrag ○
  _____

Schlafsituation
  Gesund ○   Krankheit ○   eigener Eintrag ○
  _____

Traumthema
  Albtraum ○   Sex ○   Abenteuer ○   Alltag ○   Fliegen ○   Kampf ○   Liebe

Traumpersonen
  Partner ○   Eltern ○   Großeltern ○   weitere Personen ○

Traumzusammenhänge mit der Realität

Meine Gefühle nach dem Traum
  Positiv ○   Negativ ○   eig. Eintrag ○ _____

Wie klar/deutlich war der Traum?

Datum

Uhrzeit

Schlafdauer

Schlafumgebung
  eigene Wohnung ○   Urlaub ○   eigener Eintrag ○

Schlafsituation
  Gesund ○   Krankheit ○   eigener Eintrag ○

Traumthema
  Albtraum ○   Sex ○   Abenteuer ○   Alltag ○   Fliegen ○   Kampf ○   Liebe

Traumpersonen
  Partner ○   Eltern ○   Großeltern ○   weitere Personen ○

Traumzusammenhänge mit der Realität

Meine Gefühle nach dem Traum
  Positiv ○   Negativ ○   eig. Eintrag

Wie klar/deutlich war der Traum?

Datum

Uhrzeit

Schlafdauer

Schlafumgebung
eigene Wohnung   Urlaub   eigener Eintrag

Schlafsituation
Gesund   Krankheit   eigener Eintrag

Traumthema
Albtraum   Sex   Abenteuer   Alltag   Fliegen   Kampf   Liebe

Traumpersonen
Partner   Eltern   Großeltern   weitere Personen

Traumzusammenhänge mit der Realität

Meine Gefühle nach dem Traum
Positiv   Negativ   eig. Eintrag

Wie klar/deutlich war der Traum?

Datum _____

Uhrzeit _____

Schlafdauer _____

Schlafumgebung
  eigene Wohnung ○   Urlaub ○   eigener Eintrag ○
  _____

Schlafsituation
  Gesund ○   Krankheit ○   eigener Eintrag ○
  _____

Traumthema
  Albtraum ○   Sex ○   Abenteuer ○   Alltag ○   Fliegen ○   Kampf ○   Liebe ○
  _____

Traumpersonen
  Partner ○   Eltern ○   Großeltern ○   weitere Personen ○
  _____

Traumzusammenhänge mit der Realität
_____

Meine Gefühle nach dem Traum

  Positiv ○   Negativ ○   eig. Eintrag ○ _____

Wie klar/deutlich war der Traum?
_____

Datum _____

Uhrzeit _____

Schlafdauer _____

Schlafumgebung
- ○ eigene Wohnung ○ Urlaub ○ eigener Eintrag

Schlafsituation
- ○ Gesund ○ Krankheit ○ eigener Eintrag

Traumthema
- ○ Albtraum ○ Sex ○ Abenteuer ○ Alltag ○ Fliegen ○ Kampf ○ Liebe

Traumpersonen
- ○ Partner ○ Eltern ○ Großeltern ○ weitere Personen

Traumzusammenhänge mit der Realität

Meine Gefühle nach dem Traum
- ○ Positiv ○ Negativ ○ eig. Eintrag _____

Wie klar/deutlich war der Traum?

Datum

Uhrzeit

Schlafdauer

Schlafumgebung
eigene Wohnung ● Urlaub ● eigener Eintrag ●

Schlafsituation
Gesund ● Krankheit ● eigener Eintrag ●

Traumthema
Albtraum ● Sex ● Abenteuer ● Alltag ● Fliegen ● Kampf ● Liebe

Traumpersonen
Partner ● Eltern ● Großeltern ● weitere Personen ●

Traumzusammenhänge mit der Realität

Meine Gefühle nach dem Traum
Positiv ● Negativ ● eig. Eintrag

Wie klar/deutlich war der Traum?

Datum

Uhrzeit

Schlafdauer

Schlafumgebung
   eigene Wohnung   Urlaub   eigener Eintrag

Schlafsituation
   Gesund   Krankheit   eigener Eintrag

Traumthema
   Albtraum   Sex   Abenteuer   Alltag   Fliegen   Kampf   Liebe

Traumpersonen
   Partner   Eltern   Großeltern   weitere Personen

Traumzusammenhänge mit der Realität

Meine Gefühle nach dem Traum
   Positiv   Negativ   eig. Eintrag

Wie klar/deutlich war der Traum?

Datum

Uhrzeit

Schlafdauer

Schlafumgebung
  eigene Wohnung   Urlaub   eigener Eintrag

Schlafsituation
  Gesund   Krankheit   eigener Eintrag

Traumthema
  Albtraum   Sex   Abenteuer   Alltag   Fliegen   Kampf   Liebe

Traumpersonen
  Partner   Eltern   Großeltern   weitere Personen

Traumzusammenhänge mit der Realität

Meine Gefühle nach dem Traum

  Positiv   Negativ   eig. Eintrag

Wie klar/deutlich war der Traum?

Datum

Uhrzeit

Schlafdauer

Schlafumgebung
eigene Wohnung   Urlaub   eigener Eintrag

Schlafsituation
Gesund   Krankheit   eigener Eintrag

Traumthema
Albtraum   Sex   Abenteuer   Alltag   Fliegen   Kampf   Liebe

Traumpersonen
Partner   Eltern   Großeltern   weitere Personen

Traumzusammenhänge mit der Realität

Meine Gefühle nach dem Traum

Positiv   Negativ   eig. Eintrag

Wie klar/deutlich war der Traum?

Datum

Uhrzeit

Schlafdauer

Schlafumgebung
  eigene Wohnung   Urlaub   eigener Eintrag

Schlafsituation
  Gesund   Krankheit   eigener Eintrag

Traumthema
  Albtraum   Sex   Abenteuer   Alltag   Fliegen   Kampf   Liebe

Traumpersonen
  Partner   Eltern   Großeltern   weitere Personen

Traumzusammenhänge mit der Realität

Meine Gefühle nach dem Traum
  Positiv   Negativ   eig. Eintrag

Wie klar/deutlich war der Traum?

Datum

Uhrzeit

Schlafdauer

Schlafumgebung
 eigene Wohnung   Urlaub   eigener Eintrag

Schlafsituation
 Gesund   Krankheit   eigener Eintrag

Traumthema
 Albtraum   Sex   Abenteuer   Alltag   Fliegen   Kampf   Liebe

Traumpersonen
 Partner   Eltern   Großeltern   weitere Personen

Traumzusammenhänge mit der Realität

Meine Gefühle nach dem Traum
 Positiv   Negativ   eig. Eintrag

Wie klar/deutlich war der Traum?

Datum

Uhrzeit

Schlafdauer

Schlafumgebung
　　eigene Wohnung　　Urlaub　　eigener Eintrag

Schlafsituation
　　Gesund　　Krankheit　　eigener Eintrag

Traumthema
　　Albtraum　　Sex　　Abenteuer　　Alltag　　Fliegen　　Kampf　　Liebe

Traumpersonen
　　Partner　　Eltern　　Großeltern　　weitere Personen

Traumzusammenhänge mit der Realität

Meine Gefühle nach dem Traum
　　Positiv　　Negativ　　eig. Eintrag

Wie klar/deutlich war der Traum?

Datum

Uhrzeit

Schlafdauer

Schlafumgebung
　eigene Wohnung　　Urlaub　　eigener Eintrag

Schlafsituation
　Gesund　　Krankheit　　eigener Eintrag

Traumthema
　Albtraum　Sex　Abenteuer　Alltag　Fliegen　Kampf　Liebe

Traumpersonen
　Partner　　Eltern　　Großeltern　　weitere Personen

Traumzusammenhänge mit der Realität

Meine Gefühle nach dem Traum
　Positiv　　Negativ　　eig. Eintrag

Wie klar/deutlich war der Traum?

Datum

Uhrzeit

Schlafdauer

Schlafumgebung
 eigene Wohnung   Urlaub   eigener Eintrag

Schlafsituation
 Gesund   Krankheit   eigener Eintrag

Traumthema
 Albtraum   Sex   Abenteuer   Alltag   Fliegen   Kampf   Liebe

Traumpersonen
 Partner   Eltern   Großeltern   weitere Personen

Traumzusammenhänge mit der Realität

Meine Gefühle nach dem Traum
 Positiv   Negativ   eig. Eintrag

Wie klar/deutlich war der Traum?

Datum

Uhrzeit

Schlafdauer

Schlafumgebung
 eigene Wohnung ○ Urlaub ○ eigener Eintrag ○

Schlafsituation
 Gesund ○ Krankheit ○ eigener Eintrag ○

Traumthema
 Albtraum ○ Sex ○ Abenteuer ○ Alltag ○ Fliegen ○ Kampf ○ Liebe ○

Traumpersonen
 Partner ○ Eltern ○ Großeltern ○ weitere Personen ○

Traumzusammenhänge mit der Realität

Meine Gefühle nach dem Traum
 Positiv ○ Negativ ○ eig. Eintrag ○

Wie klar/deutlich war der Traum?

Datum

Uhrzeit

Schlafdauer

Schlafumgebung
 eigene Wohnung ○   Urlaub ○   eigener Eintrag ○

Schlafsituation
 Gesund ○   Krankheit ○   eigener Eintrag ○

Traumthema
 Albtraum ○   Sex ○   Abenteuer ○   Alltag ○   Fliegen ○   Kampf ○   Liebe

Traumpersonen
 Partner ○   Eltern ○   Großeltern ○   weitere Personen ○

Traumzusammenhänge mit der Realität

Meine Gefühle nach dem Traum

 Positiv ○   Negativ ○   eig. Eintrag ○

Wie klar/deutlich war der Traum?

Datum _____

Uhrzeit _____

Schlafdauer _____

Schlafumgebung
  eigene Wohnung ○   Urlaub ○   eigener Eintrag ○

Schlafsituation
  Gesund ○   Krankheit ○   eigener Eintrag ○

Traumthema
  Albtraum ○   Sex ○   Abenteuer ○   Alltag ○   Fliegen ○   Kampf ○   Liebe

Traumpersonen
  Partner ○   Eltern ○   Großeltern ○   weitere Personen ○

Traumzusammenhänge mit der Realität

Meine Gefühle nach dem Traum
  Positiv ○   Negativ ○   eig. Eintrag ○ _____

Wie klar/deutlich war der Traum?

Datum

Uhrzeit

Schlafdauer

Schlafumgebung
  eigene Wohnung   Urlaub   eigener Eintrag

Schlafsituation
  Gesund   Krankheit   eigener Eintrag

Traumthema
  Albtraum   Sex   Abenteuer   Alltag   Fliegen   Kampf   Liebe

Traumpersonen
  Partner   Eltern   Großeltern   weitere Personen

Traumzusammenhänge mit der Realität

Meine Gefühle nach dem Traum
  Positiv   Negativ   eig. Eintrag

Wie klar/deutlich war der Traum?

Datum

Uhrzeit

Schlafdauer

Schlafumgebung
eigene Wohnung ● Urlaub ● eigener Eintrag ●

Schlafsituation
Gesund ● Krankheit ● eigener Eintrag ●

Traumthema
Albtraum ● Sex ● Abenteuer ● Alltag ● Fliegen ● Kampf ● Liebe

Traumpersonen
Partner ● Eltern ● Großeltern ● weitere Personen ●

Traumzusammenhänge mit der Realität

Meine Gefühle nach dem Traum
Positiv ● Negativ ● eig. Eintrag

Wie klar/deutlich war der Traum?

Datum

Uhrzeit

Schlafdauer

Schlafumgebung
 eigene Wohnung　　Urlaub　　eigener Eintrag

Schlafsituation
 Gesund　　Krankheit　　eigener Eintrag

Traumthema
 Albtraum　　Sex　　Abenteuer　　Alltag　　Fliegen　　Kampf　　Liebe

Traumpersonen
 Partner　　Eltern　　Großeltern　　weitere Personen

Traumzusammenhänge mit der Realität

Meine Gefühle nach dem Traum
 Positiv　　Negativ　　eig. Eintrag

Wie klar/deutlich war der Traum?

Datum

Uhrzeit

Schlafdauer

Schlafumgebung
  eigene Wohnung   Urlaub   eigener Eintrag

Schlafsituation
  Gesund   Krankheit   eigener Eintrag

Traumthema
  Albtraum   Sex   Abenteuer   Alltag   Fliegen   Kampf   Liebe

Traumpersonen
  Partner   Eltern   Großeltern   weitere Personen

Traumzusammenhänge mit der Realität

Meine Gefühle nach dem Traum
  Positiv   Negativ   eig. Eintrag

Wie klar/deutlich war der Traum?

Datum

Uhrzeit

Schlafdauer

Schlafumgebung
   eigene Wohnung ◯   Urlaub ◯   eigener Eintrag ◯

Schlafsituation
   Gesund ◯   Krankheit ◯   eigener Eintrag ◯

Traumthema
   Albtraum ◯   Sex ◯   Abenteuer ◯   Alltag ◯   Fliegen ◯   Kampf ◯   Liebe

Traumpersonen
   Partner ◯   Eltern ◯   Großeltern ◯   weitere Personen ◯

Traumzusammenhänge mit der Realität

Meine Gefühle nach dem Traum

   Positiv ◯   Negativ ◯   eig. Eintrag

Wie klar/deutlich war der Traum?

Datum

Uhrzeit

Schlafdauer

Schlafumgebung
  eigene Wohnung   Urlaub   eigener Eintrag

Schlafsituation
  Gesund   Krankheit   eigener Eintrag

Traumthema
  Albtraum   Sex   Abenteuer   Alltag   Fliegen   Kampf   Liebe

Traumpersonen
  Partner   Eltern   Großeltern   weitere Personen

Traumzusammenhänge mit der Realität

Meine Gefühle nach dem Traum
  Positiv   Negativ   eig. Eintrag

Wie klar/deutlich war der Traum?